CATALOGUE

DES OUVRAGES

COMPOSÉS PAR LE CIT. BUC'HOZ;

Dont la Vente se fera le 7 Frimaire l'an VI, (le Lundi 27 Novembre 1797 v. st.), à quatre heures de relevée, en l'Appartement du Citoyen Buc'hoz, rue Haute-feuille, N°. 26.

A PARIS,

Chez GUILLAUME DE BURE l'aîné, Libraire de la Bibliothèque nationale, rue Serpente, N°. 6.

1797 = an VI.

CATALOGUE
DES OUVRAGES
COMPOSÉS PAR LE CIT. BUC'HOZ,
MÉDECIN.

1. CATALOGUE des Livres & des Ouvrages de M. Buc'hoz. *Paris, 1778, 4 vol. in-8°. veau marbré, avec les prix.*

2. Recueil & représentation des phénomènes de la nature & des monumens de l'art qu'on a remarqués & qu'on remarque encore dans différens endroits de la terre. *Paris, l'Auteur, 1794, grand in-fol. br.*
   9 planches avec les explications.

3. Histoire générale & économique des trois règnes de la Nature. *Paris, Didot, 1777, 4 vol. in-8°. v. éc. fil.*

4. Histoire générale & économique des trois règnes de la Nature, en forme de dissertations. *Paris, l'Auteur, 1789, 17 parties in-fol. br.*
   Cette Histoire contient 281 dissertations.

5. Collection de Planches, représentant au naturel ce qui se trouve de plus curieux parmi les animaux, les végétaux & les minéraux. *Paris, l'Auteur, 1782, 2 vol. grand in-fol. br.*
   Ce Recueil contient 200 planches coloriées; l'on y a joint les planches doubles en noir.

6. Bouquets de Flore, ou recueil de Bouquets & autres objets d'histoire naturelle. *Paris, l'Auteur, gr. in-fol.* contenant 40 planches coloriées, br. en cart.

7. Histoire naturelle de la ci-devant province d'Auvergne. *Paris, l'Auteur, 1796, in-fol. fig. br. en cart.*

8. Histoire naturelle des ci-devant provinces de Lorraine & des trois Évéchés. *Paris, l'Auteur, 1797, in-fol. br.*

9. Histoire Naturelle, Physique & Médicinale de l'homme. *Paris, l'Auteur, 1785, 4 vol. in-8°. v. m.*

A

2

10. L'art de préparer les alimens, suivant les différens peuples de la terre. *Paris, l'Auteur, 1787, 2 vol. in-8°. v. m.*

11. L'art alimentaire. *Paris, l'Auteur, 1783, in-12, v. m.*

12. Médecine moderne, ou Remèdes nouveaux, & autres. *Paris, La Combe, 1777, in-8°. v. éc. fil.*

13. Médecine végétale. *Yverdon, 1770, in-8°. v. éc.*

14 Traités de la Phthisie pulmonaire & de l'Hydropisie. *Paris, Humblot, 1769, 2 vol. in-8°. v. m. fil.*

15. Traité de l'Apoplexie & Paralysie, par M. Marquet. *Paris, Costard, 1770, in-12, v. m.* ⹀ Traité de la chasse. *Paris, l'Auteur, in-12, v. m.*

16. Dons merveilleux, & diversement coloriés dans le Règne animal, représentant des Quadrupèdes, des Oiseaux, des Poissons, des Serpens, &c. *2 vol. grand in-fol. br. Pap. d'Hollande.*

Ce Recueil contient 157 planches dont les 80 premières sont tirées des Centuries, figures coloriées.

17. L'Arche de Noë, ou collection des animaux les plus rares & les plus curieux qui se trouvent dans les deux continens. *Paris, l'Auteur, 1788, gr. in-fol. br. Pap. d'Hollande.*

Ce Recueil contient 12 planches d'oiseaux coloriées.

18. Histoire naturelle des animaux qui se trouvent en France, représentés d'après nature. *Paris, 1776, grand in-fol. Pap. d'Hollande. br. en cart.*

Ce Recueil contient en tout 53 planches; sçavoir 10 planches des anciens costumes de la France; 40 planches de quadrupèdes : & les trois premières planches de l'histoire des oiseaux. L'explication est gravée au bas de chaque planche : le tout colorié avec soin.

19. Histoire naturelle des animaux qui se trouvent hors de la France, représentés d'après nature. *Paris, l'Auteur, gr. in-fol. br. en cart. Pap. d'Hollande.*

Ce Recueil contient en totalité 28 planches dont 6 représentent les costumes des habitans des quatre parties du monde; & 22 représentent des singes de diverses espèces, coloriés.

20. Traité historique de tous les animaux qui habitent la France. *Paris, l'Auteur, 1787, in-4°. v. m.*

21. Traité Économique & Physique du gros & menu bétail. *Paris, La Combe, 1778, 2 vol. in-12, v. m.*

3

22. Médecine des animaux domestiques. *Paris, l'Auteur,* 1783, *in-12, v. m.*

23. Traité Économique & Physique des oiseaux de basse-cour. *Paris, La Combe,* 1775, *in-12, v. m.*

24. Méthode pour détruire les loups, à laquelle on a joint l'Histoire naturelle de ces animaux. *Paris, l'Auteur,* 1797, *in-fol. br.*

25. Méthodes sures & faciles pour détruire les animaux nuisibles. *Paris, l'Auteur,* 1783, *in-12, v. m.*

26. Les Amusemens innocens, contenant le Traité des oiseaux de volière. *Paris, Didot jeune,* 1774, *in-12, v. m.*

27. Histoire des insectes nuisibles à l'homme, aux bestiaux, &c. *Paris, l'Auteur,* 1781, *in-12, v. m.*

28. Histoire universelle du règne végétal, ou nouveau Dictionnaire Physique & Économique de toutes les plantes qui croissent sur la surface du globe. *Paris, Brunet,* 1780, 27 *vol. in-8°. v. éc. fil.*

29. Histoire Naturelle des végétaux. *Paris, Durand,* 1772, 7 *vol. in-12, v. m*

30. Eclogæ Botanicæ, è Dictionario regni vegetabilis Buchotiano collectæ, exhibentes plantarum anteà ineditarum icones, curâ A. L. Wirsing. *Norimbergæ,* 1778, *in-folio, fig. dem. rel.*

31. Dons merveilleux & diversement coloriés dans le Règne végétal, ou collection de plantes, pour servir à l'intelligence de l'histoire des trois Règnes. *Paris, l'Auteur,* 2 *vol. grand in-fol. br. Papier d'Hollande.*

-Ce recueil contient 200 planches coloriées.

32. Le grand Jardin de l'univers, où se trouvent représentées les plantes les plus rares & les plus curieuses des quatre parties de la terre. *Paris, l'Auteur,* 1785, 2 *vol. gr. in-fol. br. Papier d'Hollande.*

Ces 2 volumes renferment 200 planches coloriées.

33. Le Jardin d'Eden, le Paradis terrestre renouvellés dans le jardin de la Reine, à Trianon, ou Collection des plantes les plus rares qui se trouvent dans les deux hémisphères. *Paris, l'Auteur,* 1783, 2 *vol. gr. in-fol. br. Pap. d'Hollande.*

Ce recueil contient 200 planches coloriées.

34. Collection des plus belles plantes vivaces dont on peut

orner les jardins à l'angloise. *Paris, l'Auteur,* 1788 *, grand in-fol. br. Papier d'Hollande.*

6 planches coloriées.

35. Le Jardin du Roi, ou Recueil des plantes curieuses qui se trouvent éparses sur la surface de la terre, faisant suite aux herbiers de la Chine & du Japon. *Paris, l'Auteur,* 1792, *gr. in-fol. br.*

27 planches coloriées.

36. Herbier colorié de l'Europe. *Paris, l'Auteur,* 1787 *, gr. in-fol. br. Papier d'Hollande.*

3 planches coloriées.

37. Herbier colorié de l'Asie. *Paris, l'Auteur,* 1783 *, grand in-fol. br. Papier d'Hollande.*

1 planche coloriée.

38. Collection précieuse des fleurs les plus belles & les plus curieuses qui se cultivent tant dans les jardins de la Chine que dans ceux de l'Europe. *Paris, l'Auteur,* 2 *vol. grand in-fol. br. Papier d'Hollande.*

Cette collection est composée de 200 planches coloriées.

39. Herbier, ou Collection de plantes médicinales de la Chine, fait d'après un manuscrit peint à la Chine. *Paris, l'Auteur,* 1781 *, gr. in-fol. br. Papier d'Hollande.*

Cet Herbier contient 100 planches coloriées, dont 60 sont insérées dans les Centuries.

40. Herbier colorié du Japon, gravé d'après des dessins coloriés au Japon, & dirigé par M. Buc'hoz. *Paris, l'Auteur,* 1792 *, gr. in-fol. br. Papier d'Hollande.*

Cet herbier contient 39 planches coloriées.

41. Herbier colorié de l'Afrique. *Paris, l'Auteur,* 1787 *, gr. in-fol. br. Papier d'Hollande.*

5 planches coloriées.

42. Herbier colorié de l'Amérique. *Paris, l'Auteur,* 1783 *, gr. in-fol. br. Papier d'Hollande.*

2 planches coloriées.

43. Le Jardin des plantes de Nancy. *In-4°. v. m.*

200 planches coloriées.

44. Collection des plus belles variétés de tulipes qu'on cultive

dans les jardins des Fleuristes. *Paris, l'Auteur, 1781, grand in-fol. br. Papier d'Hollande.*

51 planches coloriées.

45. Collection des plus belles variétés de Jacinthes qu'on montre aux curieux dans les jardins fleuristes de Harlem. *Paris, l'Auteur, 1781, gr. in-fol. br. Papier d'Hollande.*

20 planches coloriées.

46. Collection des arbres & arbustes qui se cultivent en pleine terre. *Paris, l'Auteur, 1783, gr. in-fol. br. Pap. d'Hollande.*

6 planches coloriées.

47. Catalogue des arbres & arbustes, = des plantes vivaces, = des plantes d'orangerie. *Londres (Paris, Didot), 1785, 3 vol. in-18, m. r.*

48. Collection curieuse des champignons. *Paris, l'Auteur, 1792, gr. in-fol. br. Papier d'Hollande.*

12 planches coloriées.

49. Traité des plantes qui servent à la teinture. *Paris, Valade, 1785, in-12, v. m.* = Pharmacie végétale. *1771, in-12, v. m.* — 1 16

50. Manuel alimentaire des plantes. *Paris, Costard, 1771, in-8°. v. éc. fil.*

51. Toilette & Laboratoire de Flore. *Paris, l'Auteur, 1784, in-12, v. m.* — 2 ....

52. Dissertations sur la Vigne, sa culture, suivant les différens cantons. *Paris, l'Auteur, 1796, in-fol. br.* — 4 10

53. Dissertations sur l'utilité & les bons & mauvais effets du tabac, du café, du cacao & du thé. *Paris, l'Auteur, 1788, in-8°. fig. v. m.* — 2 5

54. Histoire naturelle du thé. *Paris, La Combe, 1773, in-12, fig. v. m.* = Essai sur les nouvelles découvertes intéressantes pour les arts. *Paris, Fetil, 1770, in-12, v. m.* — 1 .... 11 ..

55. Traité sur le thé & ses usages. *Paris, l'Auteur, 1796, in-fol. br.*

56. Dissertations sur le café. *Paris, l'Auteur, 1796, in-fol. br.*

57. Veni mecum de Botanique, par M. Marquet & publié par M. Buc'hoz. *Paris, Dufour, 1773, 2 vol. in-12, v. m.* — 2 .... 12 .

58. Manuel usuel & économique des Plantes. *Paris, l'Auteur, 1782, in-12, v. m.* — 2 .... 11 .

59. Étrennes du printemps aux habitans de la campagne. *Paris, l'Auteur, 1785, in-18, m. r.*

La première & la cinquième édition.

60. Les dons merveilleux de la nature dans le Règne minéral. *Paris, l'Auteur, 1782, 2 vol. gr. in-fol. br. Papier d'Hollande.*

Ce Recueil contient 121 planches coloriées.

61. Les Monumens anciens & modernes de Metz. *Paris, l'Auteur, 1795, in-fol. br.*

9 planches.

62. Portraits des Naturalistes, avec l'histoire de leur vie. *Paris, l'Auteur, 1795, in-fol. br.*

2 planches.

63. Recueil de Secrets à l'usage des Artistes. *Paris, Laporte, 2 vol. in-12, v. m.*

CATALOGUE
DES LIVRES
DU CITOYEN BUCHOZ, MÉDECIN.

THÉOLOGIE.

1 LA sainte Bible, traduite par Le Gros. *Cologne*, 1739, *in-12, veau éc. fil.* . . . . 2....

2 Sermons du père de la Rue. *Toulouse, Sens,* 1782, 4 *vol. in-12, v. m.* . . . . 1....10.°

3. Recherches sur les Volcans éteints du Vivarais & du Velay, par Faujas de-Saint Fond. *Paris, Nyon,* 1778, *in-fol. fig. br.*

4. Description de plusieurs espèces nouvelles d'Orthocératites, par Picot de la Peyrouse. *Erlang, Walther,* 1781, *in-fol. v. fig. coloriées.*

5. Catalogue raisonné des ouvrages qui ont été publiés sur les eaux minérales, par Carrere. *Paris, Cailleau,* 1785, *in-4°. br.* . . . . 2....19..

6. Icones Plantarum Japonicarum quas descripsit Car. Pet. Thunberg. *Upsaliæ, Edman,* 1794, *in-fol. fig. br.* . . 8....

7. Aviceptologie françoise. *Paris, Cussac, l'an III, in-12, fig. br.* . . . . 2....1.

8. Les Secrets de la nature & de l'art développés pour les alimens, la médecine, &c. *Paris, Durand,* 1769, 4 *vol. in-12, v. m.* . . . . 5....12..

9. Observations sur le rachitisme, par Ant. Portal. *Paris, Merlin,* 1797, *in-8°. br.* . . . . 2....

10. Hieronymi Davidis Gaubii Libellus de Methodo concinnandi formulas medicamentorum. *Lugd. Bat. Luchtmans,* 1767, *in-8°. v. m.* . . . . 1....10..

11. Étrennes de Minerve aux Artistes. *Paris, Desnos,* 1777, 9 vol. in-18, *v. m. fil.*

12. Voyage à la Baie Botanique. *Paris, Le Tellier,* 1789, 2 vol. in-8°. *br.*

13. Mémoire sur la Lorraine & le Barrois. *Nancy, Thomas,* in-4°. *v. m.*

14. Histoire de Metz. *Metz, Marchal,* 1769, 4 vol. in-4°. *fig. v. m.*

15. Mémoires concernant la Navigation & le Commerce de la ville de Metz. *Metz,* 1773, in-4°. *fig. br.*

De l'Imprimerie de STOUPE, rue de la Harpe, 1797, an VI.

AVERTISSEMENT.

LES Livres de ce Catalogue forment la Bibliothèque du Citoyen Buc'hoz; la plus grande partie
est de sa composition. Il avoit eu soin de choisir
les exemplaires les plus beaux, les mieux condi-
tionnés: ce sont presque tous des ouvrages d'Histoire
naturelle & d'Économie champêtre. Ceux d'Histoire naturelle sont parfaitement coloriés d'après
nature & imprimés sur papier de Hollande. On
vendra plusieurs exemplaires de l'*Histoire générale &
économique des trois Règnes*. Cet ouvrage contient
onze volumes. Il n'a jamais été mis en vente en
entier. Il n'a été tiré qu'à 90 exemplaires in-folio,
Grand Papier. Il renferme tout ce qu'il y a de plus
curieux à savoir sur l'Histoire des trois Règnes,
sur l'Agriculture, l'Art Vétérinaire, la Médecine,
& les différens Arts & Métiers. Un pareil ouvrage,
tiré à un aussi petit nombre, ne peut manquer
d'être recherché; sur-tout dans un temps où l'on
s'applique par préférence aux Arts utiles. Comme
le Citoyen Buc'hoz, âgé de 68 ans, est sur le point
de renoncer à la littérature & de se retirer dans
son Département; son grand âge ne lui permettant
plus de continuer une carrière aussi laborieuse &

auffi longue que celle qu'il a parcourue ; il propofe
au public la vente entière de fon Fonds qui fera
annoncé dans la quinzaine, par de nouvelles affiches.
Il confifte en 1620 Planches gravées & en plu-
fieurs ouvrages de Librairie. On pourra les venir
examiner pendant l'intervalle, en fa maifon rue
Haute-feuille, N°. 26.